NOTICE

SUR

M. P.-J. FERET

Archéologue et Chroniqueur Dieppois

PAR

MICHEL HARDY

Bibliothécaire-Archiviste et Directeur du Musée de Dieppe.

ACCOMPAGNÉE DU PORTRAIT DE M. P.-J. FERET.

DIEPPE

IMPRIMERIE D'EMILE DELEVOYE

RUE DES TRIBUNAUX, 7

1873

NOTICE

SUR

M. P.-J. FERET

Archéologue et Chroniqueur Dieppois

PAR

MICHEL HARDY

Bibliothécaire-Archiviste et Directeur du Musée de Dieppe.

DIEPPE

IMPRIMERIE D'EMILE DELEVOYE

RUE DES TRIBUNAUX, 7

—

1873

M. P.-J. FERET

Peu de familles normandes, appartenant à la bourgeoisie, ont offert une suite aussi considérable d'hommes distingués que celle qui s'est éteinte le 23 mars 1873 en la personne de Pierre-Jacques-Amédée Feret, conservateur de la Bibliothèque et des Archives de Dieppe.

Depuis le dix-septième siècle, les membres de cette famille s'étaient livrés à l'étude et à la pratique de la chirurgie et de la pharmacie et y avaient excellé.

Jacques Feret, le plus ancien dont nous trouvions la trace, était maître chirurgien à Rouen et est décédé à Ry, canton de Darnétal, le 2 avril 1694, à l'âge de cinquante et un ans.

Deux de ses ouvrages manuscrits sont conservés à la Bibliothèque de Dieppe.

L'un, plus en rapport avec la profession de l'auteur, a pour titre : *Remarque sur les choses naturelles, non naturelles et contre nature, auec un traitté des opérations de Chirurgie receülly des meilleurs autheurs.* 1687, petit in-8°, de 104 pages.

L'autre est intitulé : *Remarque des particularitez des plus considérables villes d'Italie auec leurs épitettes et un discours des mœurs et coutûmes du pays....., de plus tout ce qui s'est passé en France et autres lieux depuis l'année mil six cent soixante et douze jusqu'à présent.* — Reg. in-f°, de 63 feuillets.

La deuxième partie de ce manuscrit, qui s'arrête au mois d'octobre 1696, n'est guère qu'un relevé des faits les plus importants consignés dans les journaux du temps ; quant à la première, rédigée par Jacques Feret à la suite d'un long séjour dans les principales villes d'Italie, elle abonde en observations curieuses et présente un très-grand intérêt. On peut regretter toutefois qu'au lieu d'employer la forme didactique, trop souvent observée au dix-septième siècle dans les travaux de ce genre, l'auteur ne se soit pas contenté de mettre au net ses notes de voyage sous forme de journal ; son ouvrage y eût certainement beaucoup gagné.

Jean-Baptiste Feret, fils du précédent et comme lui maître chirurgien, vint se fixer à Dieppe vers la fin du dix-septième siècle et y mourut le 7 juin 1740.

Ses descendants n'ont cessé depuis d'habiter cette ville ; mais, renonçant à l'exercice de la chirurgie, ils furent maîtres apotiquaires pendant trois générations successives.

Le plus remarquable d'entre eux fut Jean-Jacques Feret. Naturaliste et numismate, il forma des collections fort curieuses dont les dernières épaves entrèrent au Musée de Dieppe en 1855. Non content de recueillir par lui-même des médailles et des objets d'histoire naturelle, il se créa des correspondants qui, de différentes parties du globe, s'empressèrent d'enrichir ses collections. Nos missionnaires français du Canada eurent surtout avec lui des relations suivies. Enfin, il entretint une correspondance active avec les principaux savants de son époque et eut l'honneur de recevoir à Dieppe quelques-uns des plus illustres. Nous citerons principalement l'ornithologiste Fourcault, que Valmont de Bomare lui adressa en 1757, et Voltaire qui logea chez lui.

Ancien prieur-consul, Jean-Jacques Feret mourut à Dieppe le 4 juin 1784 ; il y était né le 9 octobre 1727.

Son fils Claude-Jacques-François, né le 18 février 1761, et mort le 11 décembre 1829, se livra également à des travaux scientifiques. Les belles-lettres et la botanique firent principalement l'objet de ses études. Le 14 avril 1774, il fut nommé membre de l'Académie des Arcades de Rome.

Marié deux fois, il épousa en premières noces, le

10 janvier 1792, Marie-Magdelaine-Sophie Pocholle, sœur du fameux conventionnel de ce nom (1).

C'est de cette union que naquit, le 7 janvier 1794, l'antiquaire dieppois P.-J. Feret auquel cette notice est spécialement consacrée.

Devenu veuf quelques mois à peine après la naissance de ce fils, le 24 décembre 1794, Claude-Jacques-François Feret convola en secondes noces, le 19 avril 1796, avec sa cousine Angélique-Sophie-Amédée Descroizilles (2), qui, le 7 mars de l'année suivante, mit au monde Amédée-Augustin Feret.

D'une nature aimante, à laquelle une piété simple et vraie donnait un charme inexprimable, Angélique Descroizilles sut témoigner au fils de Sophie Pocholle et au jeune Amédée une égale tendresse. Aussi dès leur enfance, les deux frères eurent-ils l'un pour l'autre cette réciprocité d'affection et cette communauté de goûts et de sentiments qui ont fait d'eux les modèles de l'amitié fraternelle (3).

Ensemble ils traversèrent avec l'insouciance du jeune âge la tourmente révolutionnaire et firent leurs études au collége de Dieppe.

Le temps n'était pas alors aux joies paisibles de la famille, ni aux douces occupations de l'esprit.

(1) Pocholle (Pierre-Pomponne-Amédée), né à Dieppe le 30 septembre 1764, fut maire de Dieppe en 1792. Elu membre de la Convention, il vota la mort de Louis XVI. Il fut préfet des Iles Ioniennes sous le Directoire ; sous-préfet de Neufchâtel de 1804 à 1814 ; vécut dans l'exil de 1816 à 1830 et mourut à Paris dans une position voisine de la misère en 1832.

Voir la notice publiée sur lui par M. l'abbé Cochet, *Mémorial dieppois* de 1848, numéro du 20 avril; *Galerie dieppoise*, 2e éd., 1862, p. 151-157.

(2) Mlle Descroizilles était la sœur de François Antoine-Henri Descroizilles, chimiste des plus distingués, qui par ses travaux de laboratoire et ses nombreux écrits a rendu à la science et à l'industrie d'éminents services (*Galerie dieppoise*, 2e éd., 1862, p. 67-70). — Leur père, François Descroizilles, était lui-même un chimiste fort remarquable. Il est l'inventeur d'un sel purgatif, désigné longtemps dans le commerce sous le nom de *sel Descroizilles*. M. d'Ambournay lui a consacré une note biographique (*Galerie dieppoise*, 2e éd. p. 139 et 140.

(3) Voir la notice de M. l'abbé Cochet sur M. Amédée Feret (*Galerie dieppoise*, 2e éd., p. 315-318.

1813 arriva, et le jeune **P.-J. Feret**, qui venait d'entrer dans sa vingtième année, dut subir les exigences de la conscription.

Ayant opté pour la marine, il fut inscrit dans le 37° équipage et embarqué sur le *Duguesclin*. Le 21 février 1814, il fut incorporé au treizième régiment d'infanterie légère, et prit part avec Carnot à la défense d'Anvers. Nommé caporal le 2 mars et sergent le 16 avril de la même année, il obtint un congé absolu au mois de septembre et rentra dans la vie civile.

Son oncle Pocholle était à cette époque sous-préfet à Neufchâtel ; P.-J. Feret vint travailler dans ses bureaux.

Pendant les années 1814 et 1815, ces deux hommes, d'un caractère si différent, mais que réunissait une affection mutuelle, vécurent d'une vie commune, et jusqu'à sa mort l'ancien conventionel, sur le sol de la France comme dans l'exil, ne cessa de correspondre par lettres avec son neveu.

On ne peut douter que les principes du vieux républicain exercèrent sur l'esprit du jeune Feret une extrême influence. Il fit preuve, en effet, de bonne heure d'un libéralisme avancé et d'un caractère indépendant.

En 1818, nous le trouvons à Paris principal rédacteur d'un journal politique intitulé l'*Homme gris ou Petite Chronique*. Quelques articles *d'un caractère séditieux*, tels sont les termes de l'acte d'accusation que nous avons sous les yeux, lui valurent d'être traduit devant la sixième chambre de police correctionnelle. Il fut condamné à deux années d'emprisonnement, trois mille francs d'amende et à l'interdiction des droits civiques ; il obtint cependant une commutation de peine et fut libéré après un an de détention.

Renonçant dès lors aux luttes souvent périlleuses de la vie publique, P.-J. Feret rentra dans sa ville natale pour ne la plus quitter.

Grâce à l'influence de la paix et à la protection toute spéciale donnée aux lettres par le roi Louis XVIII, une activité extrême se manifestait alors dans le monde intellectuel. Partout s'organisaient des sociétés savantes, et l'on doit remarquer que les études historiques attiraient plus particulièrement l'attention générale. C'est à cette époque (1821) que fut fondée l'école des Chartes.

Notre vieux pays de Caux avait marqué l'un des premiers ce réveil des esprits. Dès 1818, quelques hommes ardents au travail et mûris par la science avaient formé à Rouen une modeste société qui, sous le titre de *Commission départementale des antiquités*, devait s'occuper de rechercher tout ce qui pourrait intéresser la Seine-Inférieure sous le rapport de l'histoire, mais surtout de l'archéologie.

Dès ses débuts, la *Commission des Antiquités* produisit des travaux remarquables, et des découvertes archéologiques du plus haut intérêt furent par elle signalées.

En 1820 et 1821, M. Louis Estancelin fouillait le Bois-l'Abbé, près Eu, et faisait sortir de terre tout une ville romaine, *Augusta*.

Dans le même temps, M. Sollicoffre, inspecteur des douanes à Dieppe, découvrait à Sainte-Marguerite un pavage en mosaïque et quelques dépendances d'une villa gallo-romaine.

M. Feret suivit d'abord ces diverses explorations comme simple curieux ; mais bientôt, épris lui-même de la passion des recherches archéologiques, il commença des fouilles à la Cité de Limes avec son frère Amédée.

C'est de ce moment que date sa carrière scientifique.

Menant de front l'étude de notre histoire locale et celle de nos antiquités, il publia en 1824 son premier livre : *Notice sur Dieppe, Arques et quelques monuments circonvoisins.* Il fut aidé dans ce travail par M. Benjamin Gaillon, savant botaniste alors résidant à Dieppe et ami intime de notre auteur.

La *Notice sur Dieppe* intéresse vivement le lecteur, mais est loin d'être le meilleur ouvrage que nous ait légué M. Feret. On y remarque un certain désordre dans l'exposé des faits ; en outre, la partie réellement historique n'est guère qu'un résumé des travaux déjà existants. Néanmoins ce livre fut hautement apprécié à son apparition et ouvrit à son auteur les portes de l'Académie de Rouen (22 janvier 1825).

Dans le courant de cette même année, M. Feret qui n'avait cessé depuis 1822 de fouiller le sol de la Cité de Limes, publia sur cette antique station celtique deux mémoires cette fois exclusivement archéologiques et qui attirèrent promptement sur lui l'attention du monde savant.

Depuis le commencement du dix-huitième siècle, la Cité de Limes, signalée à l'Académie des Inscriptions et Belles-Lettres par l'abbé de Fontenu, donnait lieu à une polémique scientifique qui, pour avoir duré plus d'un siècle, n'avait apporté que peu de lumière à la question.

A quelle époque fallait-il rapporter la Cité de Limes ?

Les uns voyaient en elle un établissement romain, d'autres un camp ayant servi à protéger les troupes de Talbot en 1442. Ne raisonnant que par conjectures, les auteurs de ces diverses opinions n'apportaient à les défendre que des preuves de la plus grande faiblesse.

M. Feret le premier appliqua une méthode scientifique à l'examen de cette question et les idées émises par lui pour la résoudre sont encore généralement respectées.

Il serait trop long de raconter tout le détail de ses fouilles et des remarques qu'elles lui ont suggérées. Qu'il nous suffise de dire que M. Feret sut retrouver dans la vieille enceinte les traces des demeures et quelques-unes des sépultures de ses premiers habitants. S'appuyant sur les textes de Jules César, il crut reconnaître en eux les Gallo-Belges et rapporta dès lors l'origine de la Cité de Limes aux temps qui précédèrent la conquête.

La plupart des archéologues français rendirent hommage aux appréciations de l'auteur des *Recherches sur le Camp de César ou Cité de Limes* et bon nombre de sociétés savantes s'empressèrent de lui adresser leur diplôme. Mais un témoignage de plus haute estime lui était réservé.

Madame la duchesse de Berry voulut elle-même suivre les fouilles dirigées par MM. Feret, frères, et leur donna, sur sa cassette privée, des fonds pour les aider dans leurs explorations. Enfin une Société archéologique ayant été fondée à Dieppe, Madame la duchesse de Berry s'inscrivit la première sur la liste des membres souscripteurs.

Cette époque (1823 à 1828) fut assurément la plus brillante de la carrière archéologique de M. P. J. Feret.

Nommé directeur des fouilles de Son Altesse Royale, il continua en 1826 et en 1827 les recherches commencées

à la Cité de Limes et successivement explora des cons-
tructions rurales de l'époque Gallo-Romaine à Bracque-
mont, la station romaine de Bonne-Nouvelle et le *Cine-
rarium* de Caude-Côte.

Le récit de ces explorations se trouve dans deux
opuscules publiés par la Société archéologique; l'un est
intitulé : *Souscription pour la recherche et la découverte
des antiquités de l'arrondissement de Dieppe*, Rouen Baudry 1826, br. in-8 de 18 p.; l'autre porte cette simple
suscription : *Société archéologique de l'arrondissement de
Dieppe*. Rouen, Baudry, 1828 ; br. in-8 de 31 p.

Nous n'aurions garde de passer sous silence deux
excellentes publications faites par M. P.-J. Feret en
1826, dans le temps même qu'il se livrait avec tant
d'ardeur à ses recherches archéologiques.

La *Notice sur Ango*, insérée dans une publication
devenue rare (Archives ann. de la Normandie, 2e année,
1825, p. 146-160), n'a pas été mise en brochure et n'est
connue que d'un petit nombre de bibliophiles.

Le second ouvrage que nous tenons à signaler est
peut-être le meilleur de notre auteur, qui cependant
ne l'a pas signé. Il a pour titre : *Dieppe en 1826, ou
lettres du vicomte de *** à milord ****. C'est un petit
volume in-12 de 188 p. publié à Dieppe chez M. Marais
fils, en 1826.

L'intrigue de ce petit livre est fort simple. Le vicomte
de ***, venu en France pour régler des affaires et con-
traint d'y séjourner quelque temps, fixe provisoirement
sa résidence à Dieppe et pour utiliser ses loisirs se met
à observer tout ce que cette ville offre de curieux dans
ses monuments, ses antiquités, ses coutumes et son
histoire. Ses observations diverses sont consignées dans
huit lettres qu'il adresse à son ami le milord ***.

Ces lettres sont écrites avec un charme inexprimable
et sont pleines d'intérêt. On s'étonne que le succès n'ait
pas répondu au mérite du livre. Quoique tiré à petit
nombre et assez promptement épuisé, il n'a pas été
réimprimé.

Il est vrai que la Révolution de 1830 suivit de près la
publication des *lettres du vicomte de **** et comme
toutes les grandes crises politiques, marqua dans la
littérature et dans les sciences un temps d'arrêt.

A Dieppe l'avénement du roi Louis-Philippe, en éloignant pour toujours *la bonne duchesse*, eut un contre-coup fâcheux.

La Société archéologique, dont son Altesse Royale était l'âme, cessa d'exister et MM. Feret frères, privés des subventions qui leur étaient nécessaires durent interrompre leurs fouilles.

M. P.-J. Feret profita de ce repos forcé pour organiser la Bibliothèque publique, créée en 1827, et dont la direction lui avait été confiée dès ses débuts. Grâce à ses soins, un bon nombre de livres, surtout de ceux qui intéressent l'histoire de la Normandie, vinrent alors s'ajouter aux ouvrages offerts par la duchesse de Berry et plusieurs généreux habitants de notre ville.

Bientôt cependant une occasion nouvelle s'offrit à lui de satisfaire son activité littéraire.

Un journal politique ayant été fondé à Dieppe en 1831, sous le titre de *Mémorial Dieppois*, M. P.-J. Feret en devint, avec M. Jules Delamarre, gérant responsable et rédacteur principal. Il remplit gratuitement ces fonctions jusqu'en 1839, époque à laquelle le *Mémorial*, devenu la propriété de M. Delevoye-Barrier, eut pour rédacteur appointé M. Thibaut (1).

A part quelques articles historiques insérés dans le *Mémorial*, M. Feret produisit peu de travaux remarquables pendant sa carrière de journaliste.

Nous citerons seulement une brochure in-f° devenue fort rare, le *Mémorable combat livré par les Dieppois aux Flamands l'an 1555*, restitution du récit de Martin le Mégissier, Dieppe 1834 ; puis les *Promenades autour de Dieppe*, charmant petit volume deux fois édité et orné de dessins lithographiques, par M. Amédée Feret.

En 1840, M. P.-J. Feret reprit le cours de ses travaux archéologiques interrompus depuis 1828.

Le ministère de l'instruction publique mit des fonds à sa disposition et il commença à Sainte-Marguerite-sur-Mer des fouilles qui se prolongèrent jusqu'en 1847.

On sait quelles belles découvertes il fit durant ce laps de temps. La villa de Sainte-Marguerite, reconnue,

---

(1) M. l'abbé Cochet, *Hist. de l'Imprimerie à Dieppe.* — Dieppe, impr. Levasseur 1848, p. 41.

comme nous l'avons dit, en 1821 par M. Sollicoffre,
s'est montrée une des plus somptueuses et des plus in-
téressantes du Nord de la France.

Dans le jardin clos de murs, M. Feret trouva des sépultures franques ou saxonnes. C'étaient sans doute les
restes de quelques barbares du cinquième siècle qui,
après avoir pillé et détruit l'habitation gallo-romaine,
périrent eux-mêmes sur le théâtre de leurs déprédations.

Les résultats des fouilles de Sainte-Marguerite ont été
sommairement exposés par M. P.-J. Feret dans une
Lettre à M. de Caumont, publiée dans le *Bulletin monu-
mental* (1843), tome IX, p. 92-97.

On ne peut que regretter que le savant antiquaire ne
se soit pas décidé à rédiger un travail de plus longue
haleine sur une découverte aussi importante et qui a été
ultérieurement l'objet de notices pleines d'intérêt de la
part de M. l'abbé Cochet (1) et de l'archéologue anglais
Wylie (2).

L'inauguration de la statue de Duquesne, offerte à la
ville de Dieppe par le gouvernement, en 1844, fut pour
M. P.-J. Feret l'occasion de deux nouvelles compositions
littéraires.

Il publia une *Esquisse* de la vie du grand amiral, ornée
de dessins par M. Mélicourt-Lefebvre et le *Chant de Duquesne*, hymne patriotique plein de nobles pensées et
d'un merveilleux entrain.

L'œuvre poétique de notre auteur a été mise en musique par M. le marquis de Lorailles et il n'est personne
à Dieppe qui n'ait frémi d'enthousiasme en entendant
exécuter cette œuvre magistrale.

La fouille de la villa romaine de Sainte-Marguerite
fut la dernière qu'entreprit M. Feret.

Mû peut-être par un sentiment de délicatesse exces-
sive, voulut-il laisser plus libre carrière à son jeune
émule M. l'abbé Cochet ; ou bien son ardeur première

(1) M. l'abbé Cochet, *les Eglises de l'arrondissement de Dieppe*;
t. II, p. 55-64. — *Normandie souterraine*, 2e éd., p. 41-41-150. —
Guide du Baigneur, éd. de 1860, p. 121-132.

(2) M. W. Wylie. — *Account of Teutonic remains apparently
Saxon found near Dieppe*, in-4°, London 1853, p. 10-16. — *Archæo-
logia*, vol. XXXV, p. 108-113.

et sa santé s'affaiblissant, ne se crut-il pas assez de forces pour résister aux rudes labeurs des explorations achéo-logiques.

Plus d'une fois nous avons entendu regretter cette détermination aussi précipitée de notre savant compa-triote. Doué d'une intuition remarquable dans les ma-tières archéologiques et instruit par une longue expé-rience, M. P.-J. Feret pouvait encore assurément rendre à la science des antiquités les plus signalés services.

Nous en avons la preuve dans une notice de peu d'é-tendue mais très-substantielle qu'il publia dans la *Revue de Rouen*, en 1851 pour prendre la défense des opinions émises par M. l'abbé Cochet sur l'origine franque des sépultures de la vallée de l'Eaulne. La *Note sur les obser-vations de M. Fallue* est certainement une excellente et très-savante publication et pour notre part nous la mettons au rang des meilleurs ouvrages de notre au-teur.

A partir de 1852, M. P.-J. Feret ne s'occupa plus que de travaux historiques ou d'études littéraires.

Les journaux de Dieppe sont remplis de ses articles, où tour à tour il aborde les sujets les plus divers, em-pruntant il est vrai à l'actualité leur principal mérite, mais où la science de l'antiquaire sait glisser cependant une foule de remarques instructives.

L'ouvrage le plus important qu'il publia dans cette dernière période de sa vie est l'*Histoire des Bains de Dieppe*, volume in-8º de 246 pages, imprimé à Dieppe chez M. Delevoye en 1855. On a reproché à ce livre de manquer de clarté et surtout de ne présenter aucune division par chapître. L'ordre chronologique heureuse-ment respecté dirige seul le lecteur. — Ces reproches sont assurément fondés et comme preuve à l'appui, nous pourrions citer telle proposition incidente, qui com-mençant à la page 95 se poursuit par un enchaînement d'idées jusqu'à la page 151 ; néanmoins on lit avec beau-coup d'intérêt l'*Histoire des Bains de Dieppe*. M. Feret, durant sa longue carrière, a vu les différentes phases de cet établissement et a connu ses plus illustres visi-teurs : son heureuse mémoire lui a permis en outre d'entremêler son récit d'un grand nombre d'anecdotes ou de souvenirs intimes qui donnent un grand charme à son livre.

En 1858, M. Feret fit paraître dans les journaux de Dieppe deux travaux littéraires, qui méritent dans cette notice une mention spéciale.

L'un d'eux, intitulé *Promenade sous-marine entre Dieppe et l'Angleterre*, fut publié dans le *Journal des Baigneurs* et reproduit par la *Gazette des Eaux*.

C'est une spirituelle composition, où l'auteur, sous une forme originale, conduit son lecteur dans les plages sous-marines de la Manche entre Dieppe et l'Angleterre et lui explique les mille sujets d'étude que la mer peut offrir à l'esprit humain.

M. Feret a fait preuve dans ce travail d'une imagination féconde et singulièrement poétique et de connaissances très-étendues en histoire naturelle. On voit de plus qu'il a beaucoup fréquenté nos pêcheurs et appris d'eux la configuration si capricieuse du sous-sol de la Manche.

La *Promenade sous-marine* n'a pas été mise en brochure et n'est connue par suite aujourd'hui que d'un petit nombre de lecteurs.

L'autre ouvrage, inséré dans une feuille hebdomadaire, *la Vigie du Dimanche*, promptement dispersée et détruite comme il arrive trop souvent aux journaux, passa presque inaperçu et est depuis longtemps tombé dans l'oubli.

Il a pour titre : *la Bresle, rivière des Normands, rendue aux Bretons de la Gaule. — Essai de géographie ancienne à l'aide de l'étymologie.*

Ce travail, hérissé de termes barbares empruntés aux idiomes celtiques et scandinaves, est d'une lecture difficile, mais est rempli d'aperçus ingénieux et présente d'autant plus d'intérêt qu'il se rattache à tout un ordre d'études sur nos origines historiques que M. Feret médita longuement et avec prédilection.

Les premiers habitants de la Gaule, rapporte M. Feret, furent les Bretons ou *tatoués*, du celtique *brith*, qui signifie *tacheté*.

Vers le cinquième siècle, avant notre ère, une invasion des Belges (*Belgwas*, en kimrique, les *mâles guerriers*) les força de se retirer. La plus grande partie des Bretons passa le détroit et porta dans l'île d'Albion les souvenirs de la Gaule.

Quelques groupes cependant restèrent sur le continent et réussirent à y conserver leur indépendance.

Pline signale une de leurs tribus établie entre *Gessoriacum*, Boulogne, le pays des Ambiens et celui des Bellovaques.

M. Feret, de son côté, guidé par l'étymologie, croit reconnaître une autre tribu à l'extrémité nord du pays des Calètes.

La rivière *la Bresle*, en latin *Brisula* ou *Brisella*, (du celtique *brith* tacheté et *ell* ou *ill*, rameau, branche) aurait tiré son nom de la contrée même qu'elle arrose et qui aurait été le centre de cette tribu des Bretons.

Un nom de lieu surtout vient appuyer singulièrement l'opinion de M. Feret. C'est *Berneval*, nom d'un village situé près de Dieppe aux bords de la mer. Ce nom, prononcé *Bruneval* par nos paysans, est écrit *Brittenval* dans les plus anciens titres et, quoique hybride dans sa composition, signifie certainement le *val des Bretons*.

M. Feret qui a cherché si laborieusement les traces des Bretons dans le nord de la Gaule, les a suivis pareillement au delà du détroit.

Remarquant dans le sud de la Grande-Bretagne et dans notre vieux pays de Caux plusieurs noms de lieu similaires et se rapportant à des localités semblablement disposées, il conclut de la ressemblance des noms à la communauté d'origine.

La plus grande partie des Bretons, avons-nous dit, poussés par les Belges, passèrent la mer au cinquième siècle avant notre ère et occupèrent la Grande-Bretagne.

M. Feret croit pouvoir affirmer qu'ils attribuèrent à leurs nouvelles demeures les noms de celles qu'ils avaient dû quitter sur le continent.

Lime, localité sur la côte d'Angleterre, tirerait ainsi son nom de la Cité-de-Limes, Douvres viendrait de Douvrend et Londres aurait été fondée par les Bretons partis du bourg normand de Londinières.

Tel fut le thème que développa M. Feret dans une brochure qu'il publia en 1864 sous le titre de : *Colonies des Celtes, — Londres, fille d'un bourg du continent. — Etude d'après le texte du Jules César.*

Sans partager entièrement l'opinion de notre auteur, que nous tenons pour beaucoup trop affirmative, nous devons du moins reconnaître qu'il s'appuie sur un texte formel des commentaires.

Pourville et la Dame de Hautot, puis *la Maison de Henri IV*, tels sont les titres des deux derniers travaux de M. Feret qu'il nous reste à examiner.

Il ne saurait entrer dans notre dessein de raconter avec quelque détail l'histoire de l'infortunée châtelaine de Hautot.

Tout est ici légendaire et laissait libre carrière à l'imagination. Celle de M. Feret est dans la *Dame de Hautot* extraordinairement rêveuse et sauvage comme celle de nos anciens scandinaves.

Pour lui la nature âpre de nos falaises couvertes d'ajoncs, avec les horizons nus de la mer, semble avoir un charme enivrant. On pourrait croire qu'il écrivit cette légende à la suite d'une promenade solitaire aux ruines du château de Hautot par une mélancolique journée d'automne.

La Maison de Henri IV, *près du Polet*, *faubourg de Dieppe*, offre un tout autre caractère.

Si le fait en lui-même qui est devenu l'occasion de cette publication ne présente pas des garanties suffisantes de vérité historique, il n'en est pas de même des nombreux documents mis en lumière par M. Feret dans le cours de sa dissertation.

Au pied du côteau de Neuville et à la sortie du Polet se trouve une chaumière, dont le pignon, faisant face à *la Retenue*, s'aperçoit au sommet d'une escarpe.

La tradition rapporte qu'Henri IV s'en fit un poste d'observation pour surveiller les troupes de Mayenne campées à Thibermont et qu'il y prit un jour un frugal déjeûner.

Cette maisonnette s'est appelée depuis la *Maison d'Henri IV*.

M. Feret, après avoir rapporté cette tradition, s'étend longuement sur les événements militaires qui eurent les environs de Dieppe pour théâtre en 1589.

La bataille d'Arques, comme il l'a très-bien démontré, ne fut que l'un des épisodes de cette campagne, dont le siége de Dieppe paraît avoir été le fait le plus important.

Comprenant la nécessité de s'emparer de la ville pour empêcher le roi de Navarre de recevoir des renforts de l'Angleterre, Mayenne en tenta plusieurs fois l'assaut du côté du Polet dans les journées qui précédèrent la bataille.

Battu à Arques le 29 septembre, il traversa la rivière à Torcy, reconnut en passant le château d'Arques mais sans pouvoir s'en emparer et s'approcha de Dieppe par les hauteurs de Janval.

Plusieurs sorties brillantes des troupes royales, surtout celle dirigée par le roi lui-même le 2 octobre, le forcèrent enfin de battre en retraite et de renoncer définitivement à son dessein.

M. Feret a su donner à son récit beaucoup d'animation et dans cette brochure, plus encore que dans ses autres écrits, il a témoigné son ardent patriotisme.

Nous venons de rendre compte des travaux scientifiques et littéraires de M. Feret. Il n'en est aucun qui n'ait une valeur réelle et nous ne doutons pas que la plupart seront toujours hautement appréciés.

Quoique le plus grand nombre revêtent le caractère sévère de la science, leur lecture est extrêmement intéressante, nous pourrions même dire attrayante.

Tous ceux qui ont fréquenté M. Feret dans l'intimité ont admiré son talent de narrateur. Avec quel esprit, quelle verve et en même temps quelle simplicité il contait une anecdote et surtout un fait historique ! Ces qualités si agréables de diction, M. Feret les reproduit dans ses livres. Le lecteur devient pour lui un ami avec lequel il s'entretient. Dès lors plus de raideur ni de contrainte. La plume suit fidèlement les capricieux mouvements de la conversation.

D'une nature rêveuse et timide, M. Feret avait l'abord très-réservé et presque froid. Bientôt cependant on pouvait reconnaître combien son cœur était aimant.

Nous ne le connûmes avec quelque intimité qu'au dernier déclin de sa vie. Ce n'était plus qu'une ruine, nous disaient ceux qui l'avaient longtemps fréquenté ; et cependant dans ce veillard à demi penché vers la tombe quels brillants retour du passé !

Un jour nous avions fortuitement amené le cours de la conversation sur le Canada. Cette belle province que nos ancêtres appelaient la Nouvelle-France, hélas ! a cessé d'être nôtre, ou du moins ne l'est plus que par souvenir.

Les Dieppois eurent la plus large part à sa colonisation et l'arrosèrent même du sang de leurs martyrs.

Comme nous rappelions ces glorieux souvenirs, la figure de M. Feret s'était illuminée et sa parole habituellement embarrassée était redevenue vive et abondante. La faiblesse de l'âge ne tarda pas cependant à reprendre ses droits et des larmes d'émotion vinrent mouiller les paupières du vieux Dieppois.

Portant à sa chère ville de Dieppe une aussi vive affection, M. Feret ne cessa, tant que ses forces le lui permirent, de prendre une part active aux œuvres qui pouvaient favoriser le développement de son commerce ou concourir au progrès intellectuel et artistique de ses habitants.

Dans ses dernières années il prêta l'appui de son nom au cercle dieppois de la Ligue de l'enseignement et à la Société des Anciens Elèves du Collége de Dieppe.

Il était membre de l'Académie de Rouen, de la Société libre d'Emulation, de la Commission des antiquités de la Seine-Inférieure, de la Société des antiquaires de Normandie, de l'Association normande, de la Société d'Emulation d'Abbeville, etc., etc.

En 1848, il avait été maire de Dieppe.

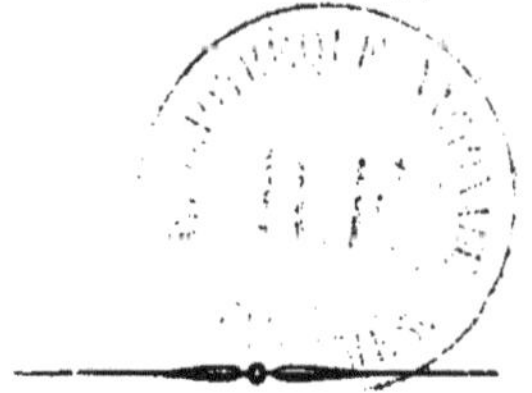

LISTE

Des Écrits de M. P.-J. FERET, rangés par ordre chronologique.

---

1 — Notice sur Dieppe, Arques et quelques Monuments circonvoisins ; *Dieppe, Marais fils aîné*, 1824, in-8º de VII et 202 p., avec 8 pl. dess. par Amédée Feret.

2 — Du Camp de César ou Cité de Limes, monument voisin de la ville de Dieppe ; Dieppe, Marais, 1825, in-8º de 18 p., avec 2 pl. dess. par A. Feret et lith. par Mlle E. Langlois. — Extr. des *Mém. de la Soc. libre d'Émul. de Rouen*, 1825.

3 — Recherches sur le Camp de César ou Cité de Limes, monument voisin de la ville de Dieppe, d'après sa position, son mode de défense et les fouilles qu'on y a pratiquées ; *Mém. de la Soc. des Antiq. de Normandie*, 1826, p. 1-101.

4 — Notice sur Ango de Dieppe ; *Archives annuelles de la Normandie*, 2e année (1826), p. 146-160.

5 — Dieppe en 1826, ou Lettres du Vicomte de *** à Milord *** ; *Dieppe, Marais fils*, 1826, in-12 de 188 p.

6 — Souscription pour la recherche et la découverte des Antiquités dans l'arrondissement de Dieppe ; *Rouen, Baudry*, 1826, in-8º de 18 p.

7 — Société archéologique de l'arrondissement de Dieppe ; *Rouen, Baudry*, 1828, in-8º de 31 p.

Cet opuscule est quelquefois accompagné du beau plan de la *Cité de Limes* par M. Monnoyeur.

8 — Histoire navale. — Antiquités de Dieppe. — Mémorable combat livré par les Dieppois aux Flamands, l'an 1555. — *Dieppe, Delevoye-Barrier*, 1834, in-fº de 12 p. avec une pl.

9 — Promenades autour de Dieppe. — Vallée d'Arques, le bourg, le château, le champ de bataille ; *Dieppe, Delevoye-Barrier*, 1838, in-18 de 78 p.

— Dito, 2e édit. ; *Dieppe, Ve Marais*, 1839, in-18 de 148 p., avec 6 pl. dess. par A. Feret.

10 — Renseignements sur la statistique de l'arr. de Dieppe, re-
cueillis par l'Association normande pendant la session tenue
dans cette ville en 1840; *Annuaire norm.*, 1840, p. 150-244.

11 — Lettre adressée à M. de Caumont sur les Fouilles pratiquées
à Sainte-Marguerite, près Dieppe; *Bulletin monum.*, t. ix
(1843), p. 92-97, avec une pl.

12 — Esquisse de la Vie de Du Quesne; *Dieppe, M*^me *V*^e *Marais,*
1844, in-12 de 67 p. avec 4 lithogr.

13 — Chant de Du Quesne, gr. pl. in-f°. — Chromolith. d'Engel-
mann et Graf d'après le dessin d'Amédée Feret; *Dieppe,*
Mme *V*^e *Marais,* 1844.

— Chant national au grand Du Quesne, hommage à la ville de
Dieppe. — Musique de M. Alain Chartier marquis de
Loraille, 1844, in-4° de 31 p., avec une lith. sur le titre
d'après Hip. Lebas.

14 — Notes sur les Observations de M. Fallue concernant les Sépultures de la vallée de l'Eaulne; 1851, in-8° de 18 p. —
Extr. de la *Revue de Rouen*, 1851, p. 311-328.

15 — Origine de Londres, capitale de l'empire britannique, dans
un bourg de France, en Normandie; Dieppe, imp. S. Le-
febvre, 1851, in-8° de 16 p.

La première feuille seulement de ce travail, repris par
l'auteur en 1864, a été publiée.

16 — Histoire des Bains de Dieppe, précédée d'une Esquisse de
l'histoire générale du bain; *Dieppe, E. Delevoye,* 1855.
in-8° de 246 p.

17 — La Bresle, rivière des Normands, rendue aux Bretons de la
Gaule; Essai de Géographie ancienne à l'aide de l'étymologie; *Vigie du Dimanche*, n^os des 16, 23 et 30 mai 1858.

18 — Promenade sous-marine entre Dieppe et l'Angleterre; *Journal*
des Baigneurs, n^os des 8, 15, 22, 29 août, 5, 12, 19 et 30
septembre 1858.

19 — Pourville, hameau près Dieppe, ses Bains. — La Dame de
Hautot, légende; *Dieppe, A. Marais*, 1859, in-8° de 31 p.

20 — La Maison de Henri IV près du Polet, faubourg de Dieppe;
Dieppe, A. Marais, 1862, in-8° de 86 p., avec une pl. dess.
et gr. à l'eau-forte par Ch. Ransonnette.

21 — Colonies des Celtes. — Londres fille d'un bourg du continent.
— Etude d'après le texte de Jules César; *Dieppe, A. Ma-*
rais, 1864, in-8° de 30 p., avec une carte géogr.

DIEPPE. — IMPRIMERIE D'ÉMILE DELEVOYE.

www.ingramcontent.com/pod-product-compliance
Ingram Content Group UK Ltd.
Pitfield, Milton Keynes, MK11 3LW, UK
UKHW031709170726
13836UKWH00001B/131